CLEF DE SOL

Les instruments à cordes

Alyn Shipton - Myriam De Visscher

Éditions Gamma - Éditions Héritage

L'édition originale de cet ouvrage
a paru sous le titre : *Strings*
Copyright © Zoë Books Limited 1993
15 Worthy Lane
Winchester
Hampshire SO23 7AB
All rights reserved

Adaptation française de Myriam De Visscher
Copyright © Éditions Gamma, Paris-Tournai, 1994
D/1994/0195/87
ISBN 2-7130-1698-3
(édition originale : ISBN 0-431-06583-7)

Exclusivité au Canada :
Les éditions Héritage inc., 300, rue Arran
Saint-Lambert (Québec) J4R 1K5
Dépôts légaux : 3e trimestre 1994
Bibliothèque nationale du Québec
Bibliothèque nationale du Canada
ISBN 2-7625-7875-2

Loi n° 49-956 du 16 juillet 1949
sur les publications destinées à la jeunesse

Imprimé en Belgique

Origine des photographies
Les éditions *Zoë Books* souhaitent remercier tout particulièrement la section musicale
de l'école Edgarley Hall et spécialement Monsieur Brian Armfield pour son assistance
dans le choix des photographies, ainsi que David Titchener qui a fourni les photographies.

L'auteur et l'éditeur tiennent à remercier The Bridgeman Art Library, Le Caravage
(1573-1610) *Le joueur de luth*, musée de l'Ermitage, Saint-Pétersbourg, page 4 ;
Archives E. T. : page 8 (en haut), page 14 ; Giraudon : Jean-Marc Nattier (1685-1766)
Madame Henriette jouant de la basse de viole, château de Versailles, page 9 ;
Michael Holford : page 8 (en bas), page 16, page 28 ; Performing Arts Library/Clive Barda :
page 15, page 17, page 29 (en haut) ; Redferns : couverture/Odile Noël,
page de titre/Sean Hudson, page 21, page 23, page 25, page 27 (en haut) ;
Autorisation de Sotheby's, Londres : page 27 (en bas) ; Zefa : page 29 (en bas).

Sommaire

Le fonctionnement des instruments à cordes

Les guitaristes et les luthistes ont créé le **plectre** lorsqu'ils eurent besoin de plus de puissance pour gratter les cordes. Le plectre est une pièce triangulaire en corne, en coquillage ou en plastique que l'on tient de la main pour frotter les cordes de haut en bas. En haut à droite, un plectre «annulaire» qui se glisse autour de l'index de la main droite pour servir d'ongle artificiel.

Dans les instruments à cordes, c'est la vibration des cordes qui produit le son. Le type de son de chaque instrument dépend du mode vibratoire de l'instrument et de la dimension des cordes.

Ces instruments sont regroupés en trois grandes catégories: les instruments à **cordes pincées** (la guitare, le banjo et le luth), à **cordes frottées** (le violon, la viole, le violoncelle et la contrebasse), et à **cordes frappées** (le piano et le clavicorde).

À droite: luthiste peint par Le Caravage à la fin du 16e siècle.

Les instruments à cordes pincées
Ce groupe comprend des instruments **avec manche** (guitare, luth et banjo), **sans manche** (lyre, harpe et cithare) et **à clavier** (épinette, virginal, clavecin). Un musicien peut «gratter» les cordes, c'est-à-dire faire résonner plusieurs cordes en même temps, ou utiliser le bout des doigts ou les ongles pour jouer une série de notes individuelles. Des musiciens ont mis au point le *finger-picking* qui rassemble ces deux techniques. Il est très répandu en musique de blues, country et western, quoiqu'il provienne de la musique pour guitare espagnole.

Le son

Tout objet qui vibre produit un son. Lorsque les vibrations voyageant dans l'air atteignent nos oreilles, nous percevons le son. En fait, tout objet qui vibre pousse ou attire l'air environnant et engendre des ondes sonores qui se propagent dans l'air.

L'utilisation d'un appareil électronique, l'oscilloscope, nous permet de représenter ces ondes sonores sur un écran de télévision. Ces images montrent que les ondes sonores présentent une vaste gamme de formes et de tailles. Certaines sont larges et lentes, d'autres sont rapides et mouvementées. Ces différences résultent du fait que les vibrations – les sons – à l'origine des ondes diffèrent également entre elles. Nos oreilles distinguent les sons sur la base de trois critères:

• **le volume:** l'intensité du son;
• **la tonalité:** la hauteur du son;
• **le timbre:** le type ou la qualité du son.

Les instruments à cordes frottées

Un autre groupe d'instruments, les violons en particulier, ont des cordes frottées par un archet. (D'autres, comme la vielle à roue, ont leurs cordes frottées par une roue.) L'archet est composé de crins de cheval rigidifiés à l'aide de résine. Les notes produites par frottement de l'archet offrent un son continu, et non un son fort et bref comme dans le jeu pincé ou frotté au plectre. Les instruments anciens, comme la viole, utilisaient également un archet. Lorsque les cordes de ces instruments sont pincées, elles produisent un effet spécial, le **pizzicato**, qui contraste avec le son doux produit par l'archet.

Violoniste poussant l'archet sur les cordes de son instrument.
Le gros plan montre comment les crins rigidifiés font vibrer les cordes.

Les composantes d'un instrument à cordes

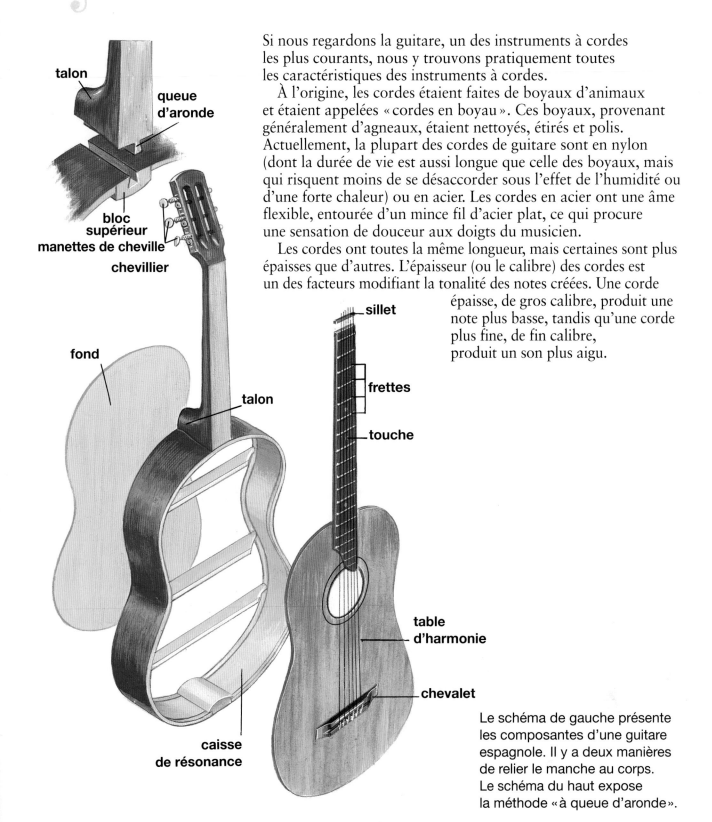

talon

queue d'aronde

bloc supérieur
manettes de cheville
chevillier

fond

talon

sillet

frettes

touche

table d'harmonie

chevalet

caisse de résonance

Si nous regardons la guitare, un des instruments à cordes les plus courants, nous y trouvons pratiquement toutes les caractéristiques des instruments à cordes.

À l'origine, les cordes étaient faites de boyaux d'animaux et étaient appelées « cordes en boyau ». Ces boyaux, provenant généralement d'agneaux, étaient nettoyés, étirés et polis. Actuellement, la plupart des cordes de guitare sont en nylon (dont la durée de vie est aussi longue que celle des boyaux, mais qui risquent moins de se désaccorder sous l'effet de l'humidité ou d'une forte chaleur) ou en acier. Les cordes en acier ont une âme flexible, entourée d'un mince fil d'acier plat, ce qui procure une sensation de douceur aux doigts du musicien.

Les cordes ont toutes la même longueur, mais certaines sont plus épaisses que d'autres. L'épaisseur (ou le calibre) des cordes est un des facteurs modifiant la tonalité des notes créées. Une corde épaisse, de gros calibre, produit une note plus basse, tandis qu'une corde plus fine, de fin calibre, produit un son plus aigu.

Le schéma de gauche présente les composantes d'une guitare espagnole. Il y a deux manières de relier le manche au corps. Le schéma du haut expose la méthode « à queue d'aronde ».

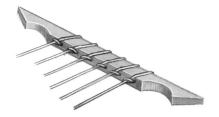

Le chevalet de la guitare
Les extrémités inférieures des
cordes sont nouées. Elles sont
enfilées dans des orifices
du chevalet, puis attachées.

La caisse de résonance

Le corps de la guitare est la **caisse de résonance**. Les vibrations
des cordes descendent jusqu'au **chevalet** et se propagent vers la
table d'harmonie qui **résonne**, c'est-à-dire amplifie ou augmente
le son s'évacuant par l'ouïe arrondie. La table d'harmonie de la
guitare est plate et ne dispose que d'une seule ouïe ronde, tandis
que celle de certains autres instruments à cordes est galbée et
que la forme de leurs ouïes peut varier. Les cordes sont étirées
du **sillet** au sommet de la touche jusqu'au chevalet.

L'accord

Au sommet de la **touche** se trouve le **chevillier**. Les premières
guitares n'avaient qu'un morceau de bois plat, traversé de six
chevilles. Les guitares actuelles ont un chevillier ouvert doté
de petits **pignons**, permettant d'ajuster la **tension** des cordes.
Plus une corde est tendue, plus la note sera haute. La majorité
des instruments à cordes disposent de chevilles permettant
d'accorder ou de mettre les cordes au diapason.

Le changement de note

Les instruments à cordes changent principalement de note en
modifiant la longueur de la corde pouvant vibrer et produire un
son. Plus la corde est courte, plus la note sera haute. La touche
de la guitare comporte plusieurs barres métalliques transversales,
les **frettes**; le guitariste y recourt pour changer la note de chaque
corde. S'il pose un doigt devant la frette et appuie à cet endroit,
la longueur de la corde pouvant vibrer librement sera raccourcie
et la tonalité de la note sera relevée. Certains instruments, entre
autres ceux de la famille des violons, n'ont pas de frettes; dans ce
cas, seuls les doigts de la main gauche du musicien modifient
la longueur des cordes en vibration.

La guitare est conçue pour que le guitariste puisse changer
la note des six cordes en une seule opération. Regardez
l'illustration. En pinçant ou grattant toutes les cordes ensemble,
le guitariste produit des **accords**. Une excellente méthode pour
accompagner un chanteur est de gratter les cordes une par une.

Guitariste appuyant sur une
corde de la main gauche
et grattant les cordes
de la main droite.

Les ancêtres des instruments à cordes

L'ange de cette peinture italienne joue du rebec.

Le rebec

Le rebec fut utilisé en Europe dès le 10ᵉ siècle. Il s'agit d'un instrument simple à archet avec un corps en forme de poire. Son ancêtre était le *rebebe*. Au Moyen Âge, le rebec était généralement joué avec un archet simple convexe et maintenu soit sur les genoux (comme un violoncelle miniature), soit à hauteur de la poitrine. C'était l'instrument fétiche des ménestrels qui jouaient à la cour des rois et reines d'Europe. De nombreuses peintures du 13ᵉ au 16ᵉ siècle représentent des anges ou des courtisans jouant du rebec. Certains étaient magnifiquement sculptés.

La pochette

La pochette était un petit rebec qui se transforma ultérieurement en un petit violon au corps très étroit, mais disposant d'une touche de taille quasi normale. En France, on l'appela la « pochette » car les maîtres de danse conservaient l'instrument dans une pochette spéciale en cuir. En Angleterre, les maîtres de danse l'utilisèrent pour accompagner leurs élèves. C'est ainsi qu'elle fut surnommée *kit* ou *kitten* (« petit » du violon).

Les deux musiciens à gauche sur cette illustration extraite des enluminures d'un manuscrit du 13ᵉ siècle tiennent entre les mains des violons de forme ovale.

Le violon

Le violon était courant dans l'Europe du Moyen Âge. Souvent ovale, sa table d'harmonie et son fond étaient plats; il était tout à fait différent du rebec et de la viole. Ses ouïes avaient la forme d'un « C » et, comme les côtés s'incurvaient vers l'intérieur pour permettre au violoniste d'utiliser plus aisément l'archet, il ressembla davantage au violon moderne. Le *mazanki* est un petit violon de Pologne, tandis que le *träskofiol* de Suède, ou « violon-sabot », est sculpté dans un sabot en bois. Le violon populaire le plus connu est le violon d'Hardanger de l'ouest de la Norvège, souvent magnifiquement décoré et disposant de cordes « sympathiques » supplémentaires résonant lorsque les cordes principales sont frottées par l'archet.

La viole

Du 15e au 18e siècle, l'instrument à cordes frottées le plus populaire était la viole. Celle-ci se tenait sur les genoux (les membres plus grands se tenaient entre les jambes du musicien). Les violes existaient en diverses tailles, avaient des frettes en boyau et comptaient normalement six cordes. Mais, au fil du temps, le son délicat, ténu et léger de la viole perdit de sa popularité au profit des membres plus grands et plus sonores de la famille des violons.

Guide d'écoute

De nombreux instruments à cordes classiques, inutilisés depuis des siècles, furent redécouverts au 20e siècle. Les violes et les rebecs ont fait l'objet d'enregistrements par le *Early Music Consort* de Londres, l'*Academy of Ancient Music* et l'*English Concert*.

Tableau français du 18e siècle illustrant une leçon de viole de gambe, un des plus grands membres de la famille des violes.

Le violon et la viole

Même de nos jours, dans certaines régions des États-Unis – et dans une partie de l'Europe –, le violon se tient et se joue plutôt comme le rebec, reposant sur la poitrine. Pendant plus de deux siècles, la plupart des musiciens tinrent le violon et la viole sous le menton. Au milieu du 18e siècle, Léopold Mozart, le père du célèbre génie de la musique, écrivit un « traité » sur le jeu de violon. À cette époque, il était maintenu sous le menton, laissant ainsi toute liberté de mouvement à la main gauche devant atteindre la touche et changer de note.

Les violons fabriqués au 18e siècle étaient du même type que ceux que nous connaissons actuellement. Antonio Stradivari (1644-1737) fut le plus célèbre luthier de tous les temps. Ses instruments, ainsi que ceux d'autres luthiers, tels qu'Amati et Guarneri, appartiennent aux plus grands solistes du monde et valent chacun des centaines de milliers de dollars.

Cette jeune violoniste tient le violon et l'archet à la manière moderne.

La viole
Le son de la viole est plus profond que celui du violon et sa tonalité plus basse. Wolfgang Amadeus Mozart composa sa *Symphonie concertante* en 1779 pour violon et viole en solo. Le contraste entre les deux instruments peut être clairement perçu dans cette œuvre. Mozart (à l'instar de son père) jouait des deux instruments et savait exactement comment tirer le meilleur parti de chacun. Peu d'œuvres en solo furent composées pour la viole, quoiqu'elle ait été appréciée de compositeurs tels que William Walton, qui rédigea un concerto pour viole.

Cette jeune fille joue de la viole,
instrument plus grand
que le violon présenté
à la page précédente.

Le manche et la volute

Le chevillier du violon et de la viole se trouve dans la **volute**
sculptée. Les quatre cordes correspondent aux quatre chevilles.
Les chevilles proches de la pointe de la volute contrôlent les
cordes centrales, et celles proches du corps de l'instrument
contrôlent les cordes extérieures. Les cordes traversent la volute
et la touche lisse en ébène légèrement arquée. Les doigts de
la main gauche du musicien **pincent** les cordes et modifient
les notes grâce à des « positions » spéciales situées à des
endroits déterminés de l'instrument.

Gros plan du manche
et de la volute d'un violon.

Le chevalet et le corps

La table d'harmonie des deux instruments est galbée et dotée de deux ouïes en « f ». Une tige, la barre d'harmonie, traverse l'instrument sous la table. L'« âme » est située entre la table et le fond de l'instrument. Entre les ouïes se trouve le chevalet découpé dans un bois léger et sculpté dans un profil comparable à celui de la touche. Le chevalet porte les cordes, les espace uniment et en contrôle la hauteur. Une parfaite maîtrise du jeu de l'archet permet au musicien de jouer plusieurs cordes simultanément, interprétant des accords simples ou deux mélodies distinctes en même temps. Il s'agit de la technique de la « double corde ».

Le chevalet du violon est une barre de bois échancrée pour la décoration et pour améliorer le son.

Le cordier et la mentonnière

À l'extrémité opposée de la volute, les cordes sont attachées au cordier. Elles sont souvent reliées à des petits leviers appelés « boutons du cordier » qui assurent un accord précis, difficilement réalisable par le seul biais des chevilles.
La mentonnière, couvrant partiellement le cordier, est conçue pour rendre la tenue de l'instrument plus aisée et confortable.

La mentonnière est une pièce d'ébène, d'ivoire ou de plastique profilée que l'on fixe au violon à l'aide d'une attache métallique. Elle permet au violoniste de caler l'instrument entre le menton et l'épaule.

L'archet

La forme des premiers archets pour rebecs, violes et violons était convexe, courbée comme un cercle ou l'arc à flèches d'un archer. Dans la seconde moitié du 18ᵉ siècle, l'archet prit sa forme actuelle. Des crins de cheval étaient fixés à l'archet au niveau de la « pointe » et attachés à une **hausse**, sorte de bloc réglable, située à l'extrémité tenue par le musicien. L'archet était fléchi au centre vers les cordes. La hausse se règle par un système de vis ; les crins doivent être tendus pour jouer et détendus après le jeu, car toute variation de température peut induire une contraction et une rupture. L'archet, plus large dans le cas de la viole, est tenu de la main droite, juste au-delà de la hausse.

Lorsque les violonistes pincent les cordes, dans la technique dite du pizzicato, ils tiennent l'archet de leurs doigts inférieurs et pincent les cordes de l'index.

Jeu de violon

De nombreux violonistes célèbres ont appris le violon dès leur enfance. Les luthiers ont fabriqué des violons de plus petite taille (demis et trois-quarts) pour que les doigts de la main gauche des enfants puissent atteindre les cordes.

La maîtrise du **doigté** et de l'archet peut exiger quelques mois d'entraînement avant que le violoniste puisse émettre un son correct, mais un entraînement régulier permet d'avancer rapidement. Une manière très courante d'apprendre le violon est la méthode japonaise Suzuki, où de très jeunes enfants apprennent à jouer par groupes.

Le chef d'orchestre est le premier violon installé à l'avant de la section des violons.

Guide d'écoute

Pendant quatre siècles, le violon et sa famille furent les principaux instruments de l'orchestre. Le violon s'adapte à tous les types de musique. De grands concertos pour violon ont été composés par Beethoven et Mendelssohn-Bartholdy ainsi que par de nombreux autres compositeurs, parmi lesquels les célèbres violonistes Paganini (1782-1840) et Fritz Kreisler (1875-1962) qui écrivirent des œuvres très variées. Des compositions pour violon ont été enregistrées par Kyung-Wha Chung, Yehudi Menuhin, Itzhak Perlman et Pinchas Zuckerman.

Actuellement, deux violonistes réputés sont Anne-Sophie Mutter et Nigel Kennedy. Non seulement ce dernier procure les meilleurs enregistrements classiques mais, en outre, il a interprété du jazz au violon, suivant la tradition de grands musiciens tels que Stéphane Grappelli et Joe Venuti. Le musicien de blues « Gatemouth » Brown joue du violon, ainsi que la vedette de rock et musique folk Dave Swarbrick.

Le violoncelle

Si nous comparons le violon à un chanteur **soprano** et la viole à un **alto**, alors le **ténor** de la famille des violons revient au violoncelle. Il possède une gamme et une flexibilité extraordinaires. De prime abord, il ressemble davantage à la viole ténor (ou viole de gambe), mais il en diffère en bien des points. À l'origine, il se tenait, comme la viole, entre les jambes du violoncelliste mais, vers le début du 18e siècle, une pique métallique fut ajoutée pour supporter son poids. La viole a des frettes mais, à l'instar du violon, le violoncelle possède une touche lisse. La viole compte six cordes, le violoncelle quatre.

Le violoncelle fut mis au point aux 16e et 17e siècles; l'instrument moderne a été conçu par Antonio Stradivari. Entre 1707 et 1710, Stradivari, cherchant à mettre ses idées en application, fabriqua plus de 20 violoncelles. Ceux-ci devinrent le modèle de la plupart des luthiers pendant près de 200 ans.

Un des premiers compositeurs à se rendre compte du potentiel du violoncelle fut J.-S. Bach, qui composa une série de longs solos, des « suites », pour violoncelle sans accompagnement. La corde en ut, la plus basse de l'instrument, est une **octave** en dessous de celle de la viole. Toutefois, les musiciens peuvent obtenir les notes de la gamme du violon en « pinçant » les cordes tout en haut de la touche près du chevalet. Le pouce gauche du violoncelliste est caché derrière le manche lorsque ses doigts sont proches de la volute. Lorsque sa main se déplace vers le chevalet, le pouce réapparaît du côté de la touche et sert en quelque sorte de pivot. Les instrumentistes parlent de la « position du pouce ».

Jean-Sébastien Bach (1685-1750) composa six suites pour violoncelle. Il appartenait à une grande famille de compositeurs: plus d'une dizaine de ses enfants, petits-enfants et cousins devinrent des compositeurs.

Le jeu de violoncelle

Quoiqu'il existe des violoncelles de demi-taille pour les enfants, la plupart des violoncellistes doivent attendre d'être assez grands pour jouer de l'instrument normal, c'est-à-dire vers onze ans. Comme pour tous les instruments à cordes, le jeu du violoncelle implique une maîtrise des deux mains, où la main gauche change de note alors que la main droite déplace l'archet. Il existe une grande variété de compositions solos, de musique de chambre et symphonique à interpréter. Pour commencer, il serait intéressant d'en emprunter un. Vous pourrez progresser jusqu'à ce que vous puissiez choisir un instrument qui vous convienne. Il est coûteux de remplacer les cordes du violoncelle ; les crins de l'archet doivent à l'occasion être renouvelés et le vernis de l'instrument doit être entretenu.

Si l'on compare la position des mains du violoncelliste avec celle du violoniste, on remarque une grande différence. Même l'archet est tenu différemment. L'instrument lui-même s'étant développé – il s'est vu doter de piques plus sophistiquées et a fait l'objet de conceptions différentes au niveau du chevalet et de la tige –, les musiciens ont aussi appris à mieux le maîtriser.

Guide d'écoute

La plupart des célèbres violoncellistes de ce siècle ont réalisé de nombreux enregistrements. Pablo Casals (1876-1973) enregistra les suites de Bach et le concerto de Dvořák dans les années 1930 que l'on écoute encore actuellement. D'autres grands violoncellistes, tels que Paul Tortelier (à gauche), Jacqueline du Pré et Mstislav Rostropovich, ont enregistré des œuvres incluant les concertos d'Elgar et de Saint-Saëns, et les sonates de Beethoven et de Brahms. Parmi les meilleurs jeunes violoncellistes à assurer des enregistrements, citons Yo Yo Ma et Julian Lloyd Webber.

Les parents du violoncelle

L'*arpeggione* est un instrument comparable en taille et en timbre au violoncelle, mais n'est en fait qu'une sorte de guitare à cordes frottées. Inventé vers 1823 par un fabricant viennois du nom de J. G. Staufer, l'*arpeggione* comptait 24 frettes et six cordes.
Il n'était guère populaire, et les sonates composées par Schubert pour cet instrument sont actuellement interprétées au violoncelle.

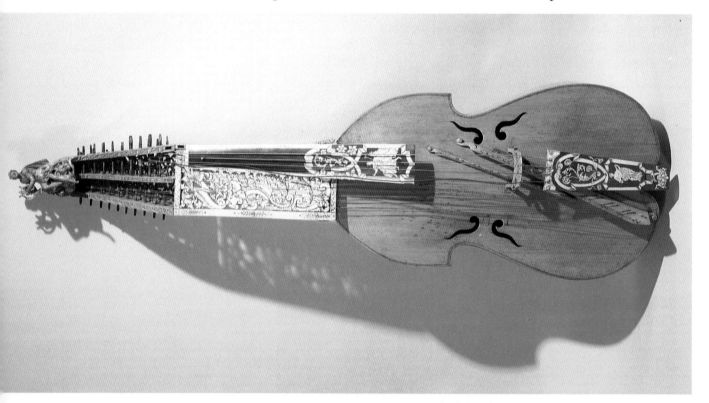

Un baryton allemand fabriqué vers 1720.

Le *baryton* est un instrument plus ancien et bien plus extraordinaire. Il semblerait s'agir d'un croisement entre un violoncelle, une basse de viole et un grand luth, le *théorbe*. Outre une série de cordes frottées, le *baryton* compte des cordes additionnelles qui peuvent soit résonner seules (« cordes sympathiques »), soit être pincées par le pouce gauche du musicien. Il ne serait resté que peu de compositions pour cet instrument si le prince Nicolas Esterhazy ne s'y était intéressé en 1765. Il aimait la musique et avait à son service un orchestre privé et plusieurs compositeurs, dont Joseph Haydn. Le prince lui demanda d'écrire de nombreux morceaux de musique de chambre pour qu'il puisse les interpréter sur son *baryton*. Haydn et ses confrères de la cour composèrent des dizaines de morceaux en quelques années. Haydn lui-même apprit à jouer du *baryton* en secret afin de ne pas aiguiser la jalousie du prince !

Dans de nombreux pays du monde, il existe des instruments populaires apparentés au violoncelle. Un des plus inhabituels est le *gardon*, utilisé par les musiciens gitans de Hongrie et de Transylvanie. Il compte trois ou quatre cordes. Le musicien frappe les cordes à l'aide d'une baguette ou les tape lui-même contre la touche, fournissant ainsi un accompagnement rythmé à d'autres instruments gitans, tels que le violon.

Le quatuor à cordes

Deux violons, une viole et un violoncelle composent le **quatuor** à cordes. Bon nombre de compositeurs furent fascinés par les possibilités de compositions pour ce type de quatuor. Haydn écrivit quelque 70 morceaux entre 1760 et 1803. Mozart, Beethoven et Schubert composèrent aussi pour ce groupe d'instruments. De nombreux compositeurs du 20e siècle ont écrit pour des quatuors à cordes. Roger Sessions, Darius Milhaud et Ernst Bloch composèrent également pour le *Griller String Quartet* de Berkeley, en Californie. Ils présentèrent de nouvelles compositions au public pendant treize ans.

L'*Allegri String Quartet*.

La contrebasse

Le plus grand des instruments à cordes frottées est la contrebasse. Elle ressemble souvent à la viole, avec ses « épaules » tombantes, son dos plat et l'angle droit où commence le manche. Mais il existe d'autres contrebasses qui ressemblent plutôt à de grands violons. La contrebasse dispose d'une touche lisse, sans frettes, et, comme dans le cas du violoncelle, le recours à une « position du pouce » haute élargit sa gamme.

Les contrebasses se retrouvent dans tous les orchestres symphoniques. Elles s'utilisent dans les orchestres de **chambre** et parfois en tant qu'instruments **solos**. Plus de 200 concertos ont été composés pour elles. Au début du 20e siècle, la contrebasse apparut dans des petits orchestres de **ragtime** aux États-Unis. Ensuite, elle s'infiltra dans le **jazz**. On la retrouve dans des orchestres de musique country, western et de musique folklorique populaire. Le *skiffle* révolutionna les années 1950 par l'introduction d'une contrebasse primitive souvent constituée d'un lavabo, d'un manche de balai et d'une corde.

Une contrebasse moderne
Cette illustration montre
clairement les «épaules»
tombantes, à l'endroit
où le manche rejoint le corps.

La volute et le chevillier

Observez l'illustration du mécanisme d'accord de la contrebasse. Chaque extrémité des chevilles est dotée d'un pignon actionné par des vis à écrou. À l'origine, les contrebasses possédaient de vastes chevilles semblables à celles du violoncelle, mais elles se désaccordaient facilement; tout ajustement était donc très difficile. La seconde illustration présente l'**extension** adaptée à certaines contrebasses qui surplombe la volute, étendant ainsi la corde du mi mineur de quatre notes jusqu'au do. Des leviers actionnés par la main gauche arrêtent la corde au-delà de l'extrémité de la touche. Les cordes d'une contrebasse sont accordées (par le bas) au mi-la-ré-sol. L'extension permet au musicien de recourir à un doigté normal, tout en disposant de quatre notes supplémentaires (DO-DO# – RÉ-RÉ#). Certains musiciens préfèrent un instrument à cinq cordes. Dans ce cas, le doigté à apprendre est tout autre car les cordes sont accordées différemment.

À gauche: gros plan sur l'extension qui procure un do grave à la contrebasse. Les quatre leviers à droite actionnent des clés qui «pincent» les cordes.
À droite: le mécanisme d'accord de la contrebasse sans les cordes permettant de voir les chevilles et les pignons extérieurs.

L'archet

Dans de nombreux orchestres, l'archet de la contrebasse ressemble à un grand archet de violoncelle. Il est un peu plus gros et les crins sont plus nombreux, ce qui permet de mieux jouer des cordes épaisses et lourdes. Il s'agit de «l'archet français». On trouve aussi souvent un autre type d'archet doté d'une hausse plus large, se tenant par en dessous. Il s'agit d'un «archet allemand». Ces deux types d'archets s'emploient couramment de nos jours au sein des orchestres symphonique et de chambre.

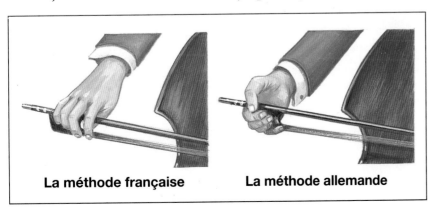

La méthode française   La méthode allemande

L'archet et le pizzicato

En musique classique, la contrebasse se joue avec un archet. Certains compositeurs exigent qu'elle soit pincée. Comme pour le violon, on parle de pizzicato. Au lieu d'étirer le son des notes au gré du déplacement de l'archet, le pizzicato produit des sons brefs et abruptes. En musique populaire et en jazz, la contrebasse est pincée et n'est frottée qu'occasionnellement.

Quelques grands contrebassistes

Quoique de nombreux compositeurs aient écrit pour cet instrument, peu d'œuvres pour contrebasse sont bien connues. On pense généralement au solo pour contrebasse lent et pondéré de Saint-Saëns, « l'Éléphant » – extrait de son *Carnaval des Animaux* –, en tant que composition typique pour contrebasse. Deux instrumentistes, Serge Koussevitzky, qui fut un excellent contrebassiste avant de devenir chef d'orchestre, et Gary Karr, ont tenté de changer tout cela. Koussevitzky composa lui-même pour la contrebasse et Karr engagea de nombreux compositeurs.

Ce musicien nous montre la technique du pizzicato: la main droite pince les cordes de la contrebasse.

Le jeu de contrebasse

La contrebasse est l'un des rares instruments où la taille et la force physique de l'instrumentiste sont réellement importantes. Tant que vous ne pourrez tenir ce gigantesque instrument (debout ou perché sur un tabouret haut spécial) et que votre main gauche ne sera pas suffisamment grande pour atteindre les notes très espacées, vous ne pourrez en jouer.

C'est vers 14 ans, en général, que l'on peut se lancer dans son apprentissage. Les contrebasses sont relativement rares et chères. Il vaut mieux en emprunter une pour commencer. Elle permet de jouer tous les types de musique: de chambre, symphonique, de jazz, populaire et même rock.

La contrebasse piccolo

C'est une petite contrebasse jouant à l'octave supérieure. Elle fut créée aux États-Unis dans les années 1960 par les jazzmen Ray Brown et Ron Carter et mise au point afin que des contrebassistes puissent interpréter par pizzicato des solos dans un registre grave.

D'autres contrebasses

Pendant le classicisme, le *violone* était encore en usage. Il s'agissait d'une très grande viole dotée de frettes et de six cordes. Il fut graduellement remplacé par la contrebasse.

Au 20e siècle, les fabricants tentèrent de créer des versions plus petites faisant appel à l'électronique pour amplifier le son. Le corps s'est aminci et réduit, mais la touche est restée intacte. Le contrebassiste allemand Eberhard Weber utilise une contrebasse dotée d'une « baguette » électrique depuis 1972.

Guide d'écoute

Pour entendre le meilleur de la contrebasse classique, recherchez les disques de Gary Karr. Les jazzmen Charles Mingus, Ray Brown et Nils-Henning Ørsted Pedersen ont également enregistré des morceaux pour contrebasse. Certains disques très inhabituels ont été enregistrés en duo par le contrebassiste Jimmy Blanton et le pianiste Duke Ellington ; un exemple, *Pitter Panther Patter*. Ray Brown, à gauche, a réenregistré ces duos.

La guitare

Guitare espagnole classique.

En début d'ouvrage, nous avons examiné les similitudes entre la guitare et les autres instruments à cordes. La guitare moderne compte six cordes, un manche doté de 19 frettes et une table d'harmonie de forme variable. La guitare espagnole classique est la plus courante. Instrument populaire par excellence de par le monde, la guitare a pris un nombre effarant de formes et de types différents. Elle s'utilise dans pratiquement tous les genres musicaux; les fabricants ont donc inventé de nouveaux types de guitares répondant aux besoins particuliers de chaque style de musique. De nombreuses guitares actuelles sont « électriques » et conçues pour être reliées à un amplificateur.

La guitare espagnole

La guitare espagnole actuelle remonte au début du 19e siècle. Avant cette période, les guitares étaient plus petites, certaines ne comptaient que quatre cordes et disposaient de systèmes d'accord différents. L'instrument moderne a la table d'harmonie familière en forme de huit, une ouïe ronde, des cordes en nylon et un **chevillier** ouvert. Certains styles de musique recourent à des cordes métalliques dont le son est plus puissant et plus fort.

Les cordes d'une guitare sont les « chœurs ». Cela remonte à l'époque où plusieurs cordes étaient accordées à la même note. Actuellement, la guitare à douze cordes dispose de cordes accordées par paires – six chœurs de deux cordes.

En général, le guitariste classique joue assis et pose la guitare sur sa cuisse gauche, comme le montre la photo ci-contre.

Voici une guitare espagnole utilisée en musique *flamenco*.

PROPRIÉTÉ
DE L'ÉCOLE RABEAU

D'autres guitares acoustiques

La musique classique pour guitare est généralement composée pour la guitare espagnole. Elle est utilisée en musique gitane et en *flamenco* espagnol et français. Aux États-Unis, un luthier tchèque, John Dopyera, inventa un nouveau type de guitare. La table d'harmonie était partiellement métallique. Dans les années 1920, sa société *National* fabriquait ces instruments que l'on appela des guitares « dobro ». Leur timbre métallique lourd devint très populaire parmi les chanteurs de blues.

Vers la même période, l'Italien Mario Maccaferri inventa une sorte de guitare qui devint populaire auprès de musiciens de jazz et gitans, tels que Django Reinhardt. Elle comportait une seconde caisse de résonance en bois au sein même du corps de la guitare, ce qui conféra à cet instrument à cordes métalliques un volume et une puissance énormes. Ses ouïes étaient en forme de D ; la caisse de résonance était souvent échancrée pour que la main gauche du musicien puisse atteindre les cordes situées à la base de la touche.

La guitare électrique

Dans les années 1920 et 1930 apparurent les premières guitares électriques. Les guitaristes souhaitaient être entendus au sein de groupes comprenant des trompettes, saxophones et batteries qui avaient jusqu'alors masqué le timbre doux de la **guitare acoustique**. Les sociétés Gibson et Rickenbacker fabriquèrent des guitares dotées de **capteurs** magnétiques convertissant le son des cordes en impulsions électriques. Ces signaux sont alors reconvertis en sons plus puissants grâce à un amplificateur.

Petit à petit, le corps des guitares électriques prit une autre forme car leur caisse de résonance ne devait pas être façonnée comme celle des guitares acoustiques. En 1948, la société Fender créa une guitare dont le corps était tout à fait plein et dont la production des sons dépendait d'un amplificateur électrique. Depuis, les guitares ont adopté des formes très différentes.

Les guitares électriques sont conçues pour produire des effets spéciaux. Les premiers instruments de Fender disposaient d'un « bras trémolo », un levier servant à modifier la tonalité des notes lors du jeu. L'adjonction de « micromodulateurs » électroniques, fréquemment activés par des pédales, permet aux guitaristes de maîtriser une série de sons spéciaux. Les « chambres d'échos » ajoutent un écho et les « chambres de chœur » donnent l'impression d'entendre une multitude de guitares au lieu d'une seule.

Si vous êtes guitariste et souhaitez jouer du synthétiseur, choisissez la guitare électronique. On dirait une guitare, mais ses « cordes » électroniques sont reliées à un ordinateur capable de produire une gamme complète de sons électroniques.

Une guitare électrique classique au corps entièrement rigide.

Le câble apparaissant ici transporte les signaux électriques de cette guitare basse vers l'amplificateur. Contrairement à la guitare électrique ordinaire, la basse ne compte que quatre cordes épaisses.

La guitare basse

Léo Fender inventa la guitare **basse** moderne en 1951. Sa taille correspond environ à celle de la guitare classique; elle compte quatre cordes épaisses accordées comme celles de la contrebasse. Dans de nombreux types de musique rock, la guitare basse reproduit le modèle des notes basses d'autres instruments, mais dans un registre inférieur.

Le banjo

Le banjo, qui compte quatre, cinq et parfois six cordes, s'utilise en jazz, en blues, en musiques populaire et country. Il naquit aux États-Unis au 19e siècle et présente un long manche comparable à celui d'une guitare ainsi qu'un corps arrondi. Il est constitué d'un anneau métallique et est recouvert d'un vélin tendu ou d'une peau en nylon. Le banjo est un instrument pincé ou gratté au plectre; ses cordes métalliques et sa table d'harmonie en vélin lui confèrent un son strident et sonnant.

Guide d'écoute

Les disques de solos pour guitare classique sont nombreux et ont été enregistrés par les grands interprètes de ce siècle que sont Segovia, Julian Bream et John Williams. Des concertos spéciaux ont été composés pour la guitare par Rodriguez et Villa-Lobos.

Un des guitaristes de jazz les plus remarquables est Stanley Jordan, capable de jouer des mélodies distinctes de chaque main, donnant l'impression de jouer de deux guitares simultanément!

Stanley Jordan.

Le jeu de guitare

Si de nombreuses personnes se lancent dans l'apprentissage de la guitare, beaucoup l'abandonnent rapidement car son jeu est moins évident qu'il ne paraît. Le choix doit se faire en fonction du type de musique que l'on souhaite interpréter. Pour jouer de la guitare classique, il faut apprendre à lire la notation et à jouer de la guitare espagnole. Pour la musique rock, la guitare électrique s'impose; il faut aussi apprendre à lire une notation spéciale des accords ou des «symboles d'accords».

Le luth

Le jeu de luth

Peu de personnes se lancent dans l'apprentissage du luth sans avoir appris au préalable la guitare. La lecture de la notation pour luth (une sorte de carte des doigtés appelée «tablature») est très difficile. Les luths sont chers et assez rares. Le luth était l'instrument favori des ménestrels au Moyen Âge.

Du Moyen Âge jusqu'au début du 18e siècle, un des instruments à cordes les plus populaires fut le luth. Son corps «galbé» est fait de fuseaux de bois, ou «éclisses», collés ensemble pour lui donner la forme d'une poire. À l'avant se trouve la table d'harmonie plate. De nombreux luths disposent d'ouïes en forme de rose, magnifiquement gravées. Les cordes sont liées au niveau du chevalet d'où elles partent pour traverser le large manche doté de frettes en boyau et rejoindre enfin le chevillier.

Le chevillier du luth est à angle droit et compte jusqu'à treize chœurs (ou paires) de cordes. De nombreux luths comptent donc vingt-six cordes. Les luthiers fabriquant des luths dotés de plus en plus de cordes, ils les ajoutèrent à l'extrémité inférieure du **registre** de l'instrument. Les cordes inférieures sont accordées pour jouer les notes d'une gamme descendante, de la note la plus haute à la note la plus basse. Cela signifie que le luthiste peut choisir les notes basses de droite sans devoir utiliser les doigts de la main gauche.

Le luth provient du Moyen-Orient et a probablement été introduit en Europe par les croisés.

Les grands luths

Lorsque le luth accompagnait les chanteurs, les notes basses des cordes inférieures et les cordes pincées supérieures produisaient un tel son agréable que les luthiers se mirent à concevoir des luths dotés de très longues extensions au niveau du manche, où des cordes basses supplémentaires **à vide** furent ajoutées. L'archiluth, le *chitarrone* et le *théorbe* sont des exemples de luths à extension. La plupart de ceux-ci comprennent un second chevillier pour cordes basses à l'extrémité du manche.

Julian Bream.

Des instruments apparentés

La *citole* fut populaire entre 1200 et 1350. Apparentée au violon médiéval, elle se tenait et se jouait comme le luth, quoiqu'un plectre (fait d'ossements) servant à pincer les cordes était utilisé. Les *citoles* étaient faites d'une seule pièce de bois et avaient un chevillier, un manche et un corps joliment sculptés; sa caisse de résonance était collée par la suite.

Le *cittern* et son cousin germain le *cithrinchen* étaient aussi faits d'une seule pièce de bois. Ils se jouaient à l'aide d'un plectre et disposaient de cordes métalliques. Ils furent très populaires au 16e siècle. Comme pour les luths, leur ouïe était généralement une «rosace» magnifiquement sculptée.

La mandoline a été réalisée dans des styles similaires à ceux du *cittern* et du luth (son fond arrondi est formé d'éclisses). Actuellement, elle constitue encore un instrument populaire traditionnel. Sa caisse de résonance est comparable à celle du luth, sa touche est courte et son chevillier ressemble à celui de la guitare.

De nombreux membres de la famille des luths sont utilisés dans le monde. Le '*Ud*' est un instrument arabe à l'origine du luth moderne. Le *tânbur* au long manche du Moyen-Orient, le *tambura*, la *sitar* et la *vina*, provenant d'Inde et du Pakistan, sont d'autres variétés courantes.

Ce théorbe, fabriqué à Venise en 1638, est un exemple de luth à extension. Le second chevillier se trouve à l'extrémité du manche.

La harpe

La harpe moderne est un membre relativement jeune d'une des plus anciennes familles instrumentales. Sa forme actuelle date de 1810, mais ses ancêtres remontent à plus de 4 000 ans.

Toutes les harpes ont une caisse de résonance où les cordes sont attachées d'une part, et une console où les cordes sont fixées d'autre part – soit directement, soit par un système de chevilles. La harpe moderne dispose également d'une « colonne » ou d'un « pilier » parallèle à la plus longue corde ; cette colonne est reliée à la caisse de résonance et à la console.

Chaque corde de la harpe est pincée pour produire une note différente. La harpe comptant 47 cordes, certaines sont colorées afin de permettre au harpiste de s'y retrouver. Les pédales actionnent un système de leviers qui changent la note de chaque corde, ce qui élargit la gamme de la harpe.

Les harpes sont représentées dans des sculptures, peintures et fresques tant à l'époque de l'Égypte ancienne qu'à l'époque actuelle. Si nous comparons les harpes décrites par les artistes au fil des siècles, nous pouvons connaître les instruments utilisés dans différents pays à diverses périodes. Une des variantes connues est la harpe irlandaise ou *cláirseach*, un instrument relativement petit comprenant de 24 à 34 cordes. Les musiciens se lançant dans l'apprentissage de la harpe y recourent fréquemment avant de passer à l'instrument supérieur, plus grand. Une des plus anciennes harpes irlandaises, du nom de « Brian Boru », est conservée au Trinity College de Dublin.

La conception de base de la harpe moderne à double mouvement (représentée ci-dessus) ressemble à celle de la harpe représentée sur cette fresque découverte dans un tombeau égyptien remontant à environ 1500 av. J.-C.

Le jeu de harpe

La harpe est un instrument encombrant. Peu de gens se lancent dans son apprentissage, en partie parce qu'elle prend beaucoup de place et qu'elle est difficilement transportable. Par ailleurs, il faut être suffisamment grand pour atteindre aisément les cordes tout en actionnant les pédales.

La musique pour harpe

De nombreux compositeurs ont écrit pour la harpe, tant à titre d'instrument solo qu'à titre d'instrument symphonique. La harpe fut utilisée dans plusieurs orchestres de chambre car son registre et la délicatesse du son émis en firent l'instrument idéal. Tâchez de vous procurer les disques de Marisa Robles. Le **virtuose** gallois Osian Ellis est aussi le principal interprète du *penillion*, où un harpiste joue un morceau connu et chante en outre un air nouveau en gallois.

Jane Lister jouant de la grande harpe.

La cithare

La cithare moderne vient du sud de l'Allemagne et d'Autriche et consiste en une caisse de résonance plate dotée de deux jeux de cordes qui la traversent. Un groupe (généralement de cinq cordes) a une touche à sillets, comparable à celle de la guitare. Le musicien pince les cordes de la main gauche avec un plectre tenu par le pouce droit. Le second groupe a des cordes « à vide » pincées par les autres doigts de la main droite du musicien.

La guitare hawaiienne se joue couchée sur les genoux (ou posée sur un trépied); les musiciens glissent une barre en acier le long des cordes pour changer de note à la manière des **glissandos** fluides typiques de la musique hawaiienne.

Un joueur de cithare autrichien.

Glossaire

accompagner   soutenir d'autres musiciens et instruments en jouant avec eux.

accord   groupe de notes jouées ensemble.

accorder   régler la justesse des cordes d'un instrument, les mettre au même diapason.

alto   voix de femme la plus grave ; tout instrument alto.

âme   petit cylindre de bois qui réunit la table et le fond d'un instrument à cordes.

basse   voix d'homme la plus grave.

batterie   technique de jeu de la guitare qui consiste à frapper les cordes avec les doigts au lieu de les pincer.

caisse de résonance   corps d'un instrument à cordes.

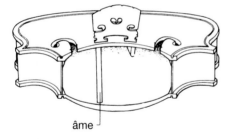

âme

capteur   dispositif magnétique qui transmet le son sous forme de signaux électriques à un amplificateur.

chevalet   pièce de bois amovible où sont tendues les cordes (du violon par exemple).

cheville   dispositif permettant d'ajuster la tension des cordes.

chevillier   boîtier contenant les chevilles.

cordes à vide   cordes au repos, non pincées.

doigté   position des doigts pour jouer un passage d'une certaine manière.

extension   partie ajoutée (d'un instrument).

frette   barre ou baguette de la touche déterminant la position des doigts pour produire les notes requises.

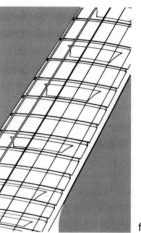

frettes

glissando   musique produite en appuyant les doigts ou en poussant et tirant rapidement l'archet pour produire les sons compris entre deux notes.

guitare acoustique   guitare classique sans amplificateur.

hausse   bloc réglable d'un archet auquel les crins sont attachés.

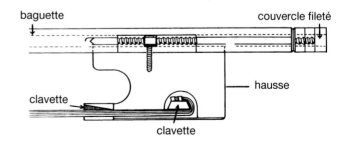

baguette   couvercle fileté

hausse

clavette

clavette

jazz	musique d'origine noire américaine avec une harmonie caractéristique et un rythme syncopé, souvent improvisée.
manette	levier permettant d'ajuster la tension des cordes.
musique de chambre	musique interprétée dans une petite salle de concert par un petit groupe de musiciens.
octave	huit notes d'une gamme complète.
orchestre	groupe de plusieurs instrumentistes jouant ensemble.
pincer	poser le bout des doigts de la main gauche pour réduire la longueur des cordes en vibration.
pizzicato	son produit par le pincement d'une corde.
plectre	pièce triangulaire en corne, coquillage ou plastique servant à pincer les cordes.
quatuor	groupe de quatre musiciens; morceau musical écrit pour quatre musiciens; généralement, le quatuor à cordes est composé de deux violons, d'une viole et d'un violoncelle.
ragtime	musique saccadée interprétée par une basse syncopée.
registre	partie de l'échelle sonore d'un instrument.
résonner	amplifier un son, le rendre plus sonore ou puissant.
solo	morceau instrumental interprété ou chanté par une seule personne.
soprano	voix de femme ou de jeune garçon, la plus élevée des voix.
table d'harmonie	face avant d'un instrument à cordes sur laquelle repose le chevalet.
ténor	voix d'homme la plus élevée.
tension	état tendu d'une corde.
timbre	qualité caractéristique d'un son produit par un instrument particulier.
ton	qualité sonore d'une voix liée à sa hauteur, à son timbre, à son intensité, etc.
tonalité	hauteur d'une note indiquée par sa position sur la portée.
touche	partie d'un instrument à cordes où se posent les doigts de la main gauche pour modifier la longueur des cordes en vibration.
virtuose	personne particulièrement douée pour le jeu d'un instrument déterminé.
volume	la force ou la douceur d'un son.
volute	l'extrémité sculptée d'un chevillier.

Index

PRINTED IN BELGIUM BY
proost
INTERNATIONAL BOOK PRODUCTION